TAO TE CHING

El libro del camino y de la virtud

Lao Tsé

老子體自然而然生乎
經歷天地終始不可稱
窮極乎無無極故無極也
地而立根布無於十方
蕩蕩不可名也煥乎其
成功淵乎其不可量焉
光特以朗照天地禀以
高而無民貴而無位焉

TAO TE CHING

"El libro del camino y de la virtud"

Lao Tsé

Prólogo

El Tao Te Ching o "libro del camino y de la virtud" es considerado una de las joyas más preciadas de los llamados textos clásicos chinos, donde se incluye, por supuesto, las Analectas, pero el libro en cuestión no es un libro confucionista y las doctrinas filosóficas que contiene difieren en un amplio grupo de aspectos de las propuestas por Confucio.

El Tao Te Ching se considera que fue escrito o recopilado hacia la centuria del 2300 a.n.e. por lo que es contemporáneo de las Analectas, su autoría, aunque puesta en discusión, se atribuye a Lao Tsé quien se considera fue contemporáneo de Confucio y a quien se debe la totalidad, o la mayor parte del texto.

Tampoco está bien clara la existencia de una persona con el nombre de Lao Tsé (Viejo Maestro), pero la uniformidad de estilo del libro lo hace recaer en una persona, corresponda a este u otra su autoría. Aunque no hay pruebas materiales de la existencia de este personaje, si se conserva un austero monumento en piedra de forma oblonga en la sagrada montaña Tai-Shan, en Shan-Tung, alegórico a él.

Hay una anécdota o leyenda en torno al Tao Te Ching relacionada conque el libro en cuestión fue escrito por Lao Tsé cuando este, ya viejo, se disponía abandonar el país, momento en el cual el guardián de la puerta de Han-Ku le pidió que antes de hacerlo dejara escritas sus doctrinas, y así se originó el libro en cuestión posteriormente compilado por sus discípulos, y única obra del autor.

Uno de los sinólogos versados en la lengua china más importantes de todos los tiempos: J Legge, ubica a Lao Tsé como contemporáneo de Confucio y ejerciendo de bibliotecario en Lou, capital del imperio Chou, donde se dice ocurrió un encuentro entre ellos que marcó las diferencias entre ambas doctrinas a través de los más de dos mil años posteriores de la historia de China, y en el que ambos mostraron sus muchos desacuerdos.

Según se registra en las antiguas crónicas chinas, en el año 522 a.n.e, y fungiendo Lao Tsé como bibliotecario del reino de Chou, este recibió la visita del no menos ilustre sabio Confucio con el objeto de presentar algunos de sus escritos, que una vez rechazada su lectura por el primero, dada la dimensión de su contenido, surgió una polémica discusión entre ambos, que los haría irreconciliables para siempre y que marcaría el destino posterior de ambas doctrinas, y su repercusión en la historia de China.

Por otra parte, el famosos historiador chino de la antigüedad Sima Qian narra que en la entrevista en cuestión, Lao Tsé dijo a Confucio: "Si verdaderamente desea que los hombres no pierdan sus cualidades naturales, sería mucho mejor que estudiara cómo el Cielo y la Tierra mantienen su eterno curso, cómo el sol y la luna mantienen su luz, las estrellas sus apretados rangos, los pájaros y los animales sus agrupamientos. Así, aprendería a guiar sus pasos por el Poder Interno, seguir el camino (Tao) que la Naturaleza enseña y bien pronto obtendría el objetivo desde donde ya no tendría que correr trabajosamente aconsejando la bondad y el deber, como el pregonero del pueblo que con su tambor va indagando la búsqueda de un niño perdido. ¡No, señor mío, lo que usted hace es disociar las naturalezas humanas!".

A lo que Confucio replicó:

"Aquellos seres de los que me estás hablando hace tiempo que ya murieron. Solamente quedan sus palabras. Cuando el sabio encuentra el momento propicio se adelanta, y anda errante de acá hacia allá cuando, por el contrario, los tiempos no le son favorables. En mi opinión, el buen mercader será aquel que, cargado de riquezas, se presenta pobre, y, el mejor sabio aquel que en su gran virtud se asemeja a un tonto. Deja ir tus inútiles deseos, tus vanos espíritus, tus formas exteriores y tus intenciones poco virtuosas. Son cosas que no te servirán. Es todo lo que puedo decirte".

Cuando Confucio volvió a reunirse con sus alumnos les expresó: "Los pájaros vuelan, los peces nadan, los cuadrúpedos corren. A todos ellos se les puede coger: al pez con el anzuelo, al pájaro con la flecha, al cuadrúpedo con la red. Sólo al dragón, que se eleva hacia el cielo sobre las nubes y el viento, yo no sabría como cazarlo. ¡Lao Tsé es un dragón!

Sobre la autenticidad del Tao Te Ching no hay ninguna duda, aunque si en el orden de algunos capítulos, o la inclusión de otros después de su redacción y compilación. En este sentido, las últimas excavaciones en la tumba número 1 de Guodian (Gingmen, Jubei, China, 1993), cuyas tablillas escritas en bambú son cercanas en fecha a la que se considera corresponde la publicación del libro y contienen numerosos capítulos del texto, incluso hay uno muy interesante cuyo contenido se encuentra estrechamente relacionado con las ideas del Tao que es el siguiente:

"El gran uno genera el agua; el agua retorna y asiste al gran uno, completando así el cielo.
El cielo retorna y asiste al gran uno, completando así la tierra.
El cielo y la tierra [se asisten recíprocamente], completando así los espíritus y los iluminados.
Los espíritus y los iluminados se asisten recíprocamente, completando así el "ying" y el "yang".
El "yin" y el "yang" se asisten recíprocamente, completando así las cuatro estaciones.
Las cuatro estaciones se asisten [recíprocamente], completando así el frió y el calor.

El frío y el calor se asisten recíprocamente, completando así lo húmedo y lo seco.
Lo húmedo y lo seco se asisten recíprocamente, completando así el ciclo anual.
Y así (el proceso) se detiene."

Además, en las excavaciones llevadas a cabo con anterioridad (1972-1974) en las llamadas tumbas de "Mawanduig" en Wulibei en la provincia de Hunan, correspondientes a la familia del marques de Dai, y cuya datación histórica las ubica entre los años 190-170 a.n.e. se hallaron, además de numerosos objetos arqueológicos, rollos de seda con textos taoistas y de diferentes corrientes ideológicas como el I. Ching, entre otros, lo que es indicativo de la persistencia de esta doctrina entre las diferentes clases sociales chinas, incluidos los estamentos superiores de la nobleza.

Entre los textos en cuestión, se hallan dos copias del Tao Te Ching que se conservan en perfecto estado a pesar de permanecer enterradas durante más de dos mil años. Los caracteres de los textos difieren un tanto de los chinos actuales y están formados por la combinación de dos de ellos, uno para establecer el significado y otro para la fonética, cuestión en estos momentos motivo de estudio por especialistas.

Las copias del Tao Te Ching discrepan un tanto de las versiones actuales, lo que es interpretado por algunos estudiosos del tema, como que así era el texto original y que después, con el tiempo, fue sufriendo transformaciones, razón por la cual algunos autores como D. Lau y R. Henrigks realizaron traducciones para estas versiones.

No obstante, en la medida que se acceda a otras versiones del Tao Te Ching obtenidas en nuevas excavaciones, se podrá cotejar y llegar definitivamente a una conclusión al respecto.

Si alguna doctrina influyó sobre la personalidad y esencia de las clase humildes chinas, esta fue el Tao Te Ching, lo que se muestra en la propia psicología de los individuos, su calma, inercia y aparente indiferencia ante determinados acontecimientos por muy trascendentales que parezcan, cuando consideran que estos no los aluden, incluyendo la política, dada su escasa confianza en los gobiernos, pues por encima de todo esta el Gran Camino de la virtud, el Tao, anterior a todas las cosas y que dicta el destino de todas las cosas que él mismo creó.

En cuanto a las características del libro,

para algunos analistas su contenido no se aviene a la síntesis y se emplea tanto la prosa como el verso, así como que constantemente se reiteran algunos temas, por lo que se inclinan más a pensar que sea una obra anónima o apócrifa. En esencia, constituyen poco más de 5000 caracteres chinos divididos en 81 capítulos y en dos partes.

Un aspecto básico en las doctrinas del Tao Te Ching, y mantenida por sus seguidores, es la ironía que se respira en el texto, pero más que en él, esto se puede ver en uno de los escritos de su principal discípulo, Chuang Tsé, recogido con el sugestivo nombre de apología del ladrón y que en esencia narra lo siguiente

"Una vez, un secuaz del gran bandido Chih le preguntó a este si los ladrones aplicaban algún principio de sabiduría y de moralidad. «Puedes estar seguro de ello -dijo Chih-, ellos obran de la misma manera que los sabios, imagine encontrarse uno mismo en una casa extraña y adivinar de manera infalible dónde se esconden los tesoros, esto exige Inspiración. Ser el primero en entrar implica Coraje; ser el último en abandonar el lugar precisa sentido del deber. No lanzarse a la consecución de lo imposible implica Sabiduría. Dividir el botín por igual reclama Bondad. Nunca puede haber existido alguien que, careciendo de estas cinco virtudes pueda llegar a ser un gran bandido…». De esta manera nunca existió un gran bandido hasta que los Sabios vinieron al mundo y nos enseñaron estas cinco virtudes. Si les diéramos una gran azotaina a los Sabios y dejáramos a los bandidos y asesinos irse, pronto habría paz y orden por todo el mundo".

No hay duda de que Chuang Tsé mostraba un elevado sentido del humor.

Es necesario destacar que aunque posteriormente se instauró una religión conocida como "Taoísmo" o "camino de la virtud", tomando algunos aspectos sobrenaturales del contenido del libro, esto fue posterior a la muerte de su autor, o aparición del libro, cuyo contenido tiene una esencia mucho más materialista, por lo que las doctrina políticas y filosóficas que contiene no tiene nada que ver con esta religión.

El Tao Te Ching supera en humanismo a cualquier otro libro conocido, y se adelantó incluso a las doctrinas cristianas, pues aunque no se dice que ante un golpe se pusiera la otra mejilla, sí que era necesario aceptar a todos los hombres de forma igualitaria, fuesen buenos o malos: "Para los que son buenos, soy bueno y para los que no lo son, también soy bueno" y así todos llegarán a ser buenos

También, en lo referente a la renuncia a los bienes materiales y el desprecio a las riquezas, va más allá de cualquier otra doctrina, y achaca en gran medida a las riquezas y los gobiernos, los problemas de la humanidad. Sus partidarios son proclives a vivir de manera extraordinariamente austera empleando lo estrictamente necesario, con lo que muestran algunos puntos coincidentes con el budismo, aunque su nacimiento fue muy anterior a este, y por otra parte, no podemos considerar a los partidarios de esta corriente ideológica como practicantes de una religión, aunque el Taoismo, como se hace llamar la religión antes mencionada, si se comporta como tal y extrae algunos elementos sobrenaturales incluidos en el Tao Te Ching.

En el Tao Te Ching se intenta persuadir al hombre a que regrese a sus orígenes naturales, por lo que se da una notable importancia a la "madre naturaleza" y a la sociedad en su estado primitivo, lo que conlleva, por consiguiente, cierto repudio al conocimiento y la enseñanza, pero sobre todo a los rituales en contraposición directa con el confucianismo.

Así, en el rechazo a cualquier ritual después de la muerte, Chuan Tsé decía a los discípulos de Confucio: "Con el cielo y la tierra por féretro, con el sol, la luna y las estrellas como adornos y con toda la creación para hacerme compañía en la tumba, es más que suficiente". El hombre fue hecho por la naturaleza sencillo y pacífico, alejado de las riquezas.

Para Lao Tsé todo bien material, o lo que es lo mismo, la economía, debe estar subordinada a las leyes de la naturaleza relacionadas con la virtud. Este concepto se repite en numerosas ocasiones en el libro y es lo que se aspira se desarrolle y crezca en el hombre, pero ajeno a los bienes materiales.

De acuerdo con Lao Tsé, cualquier intento de educar y llevar a los gobernantes a convertirse en los llamados "caballeros" u hombres superiores de suprema virtud confucianos es algo baldío, incluso acudiendo a los actos rituales. No obstante, en algunas traducciones del Tao Te Ching se hace referencia a los llamados "hombres justos" o "sabios", en relación con aquellos que poseen una virtud superior, pero los identifica como comprometidos con el Tao, más que como gobernantes, pues se parte de la teoría de la no interferencia como forma de mejorar el estado de la población, y cualquier acto de gobierno implica la intervención en los asuntos propios de los individuos.

Si una cosa caracteriza a las teorías de Lao Tsé es, en lo referente a los gobiernos, a que no les presta credibilidad y los ve como un mal engendrado por el propio egoísmo y ambición del hombre, también incluye en esto al sistema judicial, también discrepa fuertemente de las nociones de subordinación confucianas, por cuanto su sistema igualitario de las personas es uno de los ejes de su doctrina. Este hecho hizo que mientras en la época imperial los gobernantes chinos se aferraran a los principios de subordinación confucianos, el pueblo llano se acercara mucho más a las teorías de Lao Tsé y estas pernearan más los sectores humildes de la población. Claro, era normal que se facilitara por los gobernadores la divulgación del confucianismo por encima de otras doctrinas, aunque en determinadas dinastías, el Tao Te Ching fue incluido también como texto de preparación para los exámenes a los puestos de funcionarios.

Sin embargo, una de las principales características de las doctrinas incluidas en el Tao Te Ching, es la de la no acción como medio de acción, o lo que es lo mismo, a la acción pasiva como forma de lucha activa, tal como las tácticas empleadas por Mahatma

Gandhi para obtener la independencia de India, o las del propio Martin Luther King en sus luchas por la igualdad racial en Estados Unidos. Es lamentable que ambos líderes murieran víctimas de una especie de "magnicidio político" lo que es cercano a comprender las dificultades que conlleva las aplicaciones de tales principios.

Las doctrinas de Lao Tsé son, entre todas, las que más condenan y se oponen a la guerra en todas sus formas, incluso la tenencia de armas; para él no hay guerras justas o injustas, tan solo guerras, que solo traen desgracia y mal a la población. La guerra siempre trae desolación y muerte, así como la destrucción de los bienes materiales básicos de la población, quien es la más perjudicado por las guerras.

En menor medida que Confucio, Lao Tsé también tuvo discípulos, y a semejanza de Mencio como seguidor del primero, este tuvo a Chuang Tsé, que amplió y divulgó las doctrinas de su maestro, aunque unos 200 años después, y que calificó al Estado como el mal de todas las cosas, y no solo al mal Estado o mal gobierno en Confucio.

La ideología que da cuerpo a las doctrinas de Lao Tsé, como no podía ser de otra manera, dado el temprano estadio en que se escribió el libro de acuerdo al incipiente desarrollo cultural de la sociedad en aquellos tiempos, contiene elementos erróneos detectables a simple vista, algunos de los cuales fueron criticados por Confucio en su época, en cuanto a negar el papel de la educación y el conocimiento en la mejora de las condiciones sociales del individuo, y en su conjunto para el progreso social, lo que no se aviene con una doctrina progresista, al menos en la época actual.

En el Tao Te Ching, además, se niega el papel del Estado y de los estamentos jurídicos como elementos necesarios de la organización de la sociedad para poder organizarse como entidad de la superestructura social, por lo que se mantiene la opinión de la necesidad de regresar a los tempranos estadios de una sociedad primitiva correspondiente a los orígenes del Tao.

Además, de una forma tajante, se niega el papel de la lucha de clases como motor impulsor del desarrollo, al dejar la solución de los problemas a un estado de inercia contemplativa, que como se sabe no es la solución de los problemas político-sociales existentes en cualquier período del desarrollo de la sociedad humana dividida en clases.

Por último, el libro destila elementos propio del idealismo objetivo, que se materializan posteriormente en el surgimiento de una religión asociada a su nombre, aunque esta no se corresponda con la esencia del libro.

Obviando estos elementos, el Tao Te Ching es un libro de necesaria lectura, no solo para comprender la ancestral cultura china, sino también, porque en él se resaltan los genuinos valores espirituales humanos en contraposición a las riquezas materiales, y la necesaria igualdad de todas las personas, entre otros muchos aspectos.

El Tao Te Ching de Lao Tsé es todo esto y mucho más, y de él se han realizado más de 150 traducciones del chino al inglés, pero estas comenzaron tardíamente, hacia 1823, aunque paradoja del destino, esta fue al francés y no a la lengua anglosajona, pero diez años más tarde ya Hegel la incluía en sus tratados filosóficos precisamente por las unidades dialécticas contradictorias de su contenido, como por ejemplo, "el ser" y el "no ser" y como reconocen los lectores, este filósofo alemán era el maestro de la dialéctica, por lo que esto hace pensar que la prefiriera al confucianismo por la fuerte carga metafísica de este último.

En lo que respecta al traslado del Tao Te Ching al castellano, son contadas las versiones que se conocen, siendo la más popular de ellas la del sinólogo y misionero alemán R. Wilhelm, quien por supuesto la tradujo a lengua germana. Es por esta razón que decidimos verter la versión inglesa de uno de los sinólogos que más ha profundizado en estos campos, que es el inglés Arthur Waley (1889 - 1960), cuya versión del chino al inglés, una de las más importantes hasta la actualidad, se publicó en 1934 y es la que tomamos para este trabajo.

Otras traducciones del Tao Te Ching al inglés que merecen su consideración son las de L. Giles, J. Legge y P. Carus, entre otras, pues no hay que olvidar que el idioma chino es sumamente intuitivo, lo que posibilita una amplia variedad de interpretaciones para un vocablo u oración, de acuerdo con la personalidad y formación cultural del traductor

Por consiguiente, lo que presentamos hoy a los lectores, es la traducción al castellano del Tao Te Ching de Lao Tsé, según la versión publicada en inglés por Arthur Waley en 1934, por considerarla una de las más completas y menos simplificadas, pues se acerca mucho más que otras al contenido del texto original y a los escasos giros gramaticales del idioma chino, integrado exclusivamente de participios y raíces.

Sobre Arthur Waley

Este destacado y original sinólogo inglés nació en Tunbridge Wells, Kent Inglaterra el 18 de agosto de 1889 y falleció el 17 de junio de 1966 en Londres a la edad de 76 años. Su padre, David Schloss fue un conocido economista.

Inició sus estudios en la Rugby School y posteriormente ingresó en el King's College de la Universidad de Cambridge, donde se dedicó al estudio de los clásicos. Una vez egresado comenzó a trabajar en 1913 en el museo británico realizando trabajos relacionados con la clasificación de textos y pinturas orientales, mientras, estudió chino y japonés. Ya en 1918 comienza a publicar obras literarias entre las que destacan sus "Historias de Genji", en varios volúmenes, y posteriormente, en la década del 20 al 30, realizó sus estudios sobre las Analectas de Confucio y el Tao Te Ching de Lao Tsé, publicadas a inicios de la década de 1930. Le siguieron otros libros sobre literatura china y japonesa con la colaboración del poeta norteamericano de la llamada "lost generation (generación perdida)", Ezra Pound.

Posteriormente escribió la biografía de

algunos poetas chinos clásicos como Li-Po, Po Chü-i y Yuan Mei., esta última fue la más importante de las tres en el sentido filosófico, por la afición del poeta por el estudio del texto clásico chino antiguo: "I. Ching". En estos libros se denota su admiración por la poesía china clásica y la actitud receptiva de sus poetas.

Por su dominio de la lengua japonesa colaboró con el mando británico durante la Segunda Guerra Mundial" y es de destacar que su dominio de la lengua nipona era tal, que corregía la gramática y redacción de muchos de los partes que recibía de naturales japoneses.

Publicó en 1958 un libro sobre la historia de la guerra del opio condenando el carácter colonialista de este conflicto, titulado "A través de los ojos chinos", lo que es de entender no satisfizo a las autoridades británicas.

Fue un notable autodidacta y alcanzo gran fluidez y dominio de las lenguas china y japonesa por lo que sus traducciones, incluyendo las Analectas y el Tao Te Ching, son altamente valoradas en los pauses occidentales, principalmente por los de habla inglesa.

Recibió numerosas distinciones en su país, incluyendo la de la reina Isabel II en 1952 y del propio gobierno japonés por sus servicios para dar a conocer la literatura japonesa en occidente.

Algunos de sus amigos reconocían en él un extraordinario talento y una alta capacidad de comprensión y retención del conocimiento, acompañada por valentía en sus juicios y un poco de vanidad. Su carácter autodidacta le hizo conocer idiomas tales como: el chino y el japonés, bastante bien el ainu, el mongol, y algo de hebreo y siríaco.

Hecho interesante, Arthur Waley nunca viajó a Asia, por lo que no observó las vivencias reales de sus habitantes, sin embargo, a esa lejana tierra había dedicado toda su vida para divulgar sus obras, principalmente los clásicos, sus razones fueron incuestionables, por cuanto no quería que su imaginación y su visión idealista de la poesía y la cultura de estos países, se viese empañada por una realidad muy alejada de la fantasía.

Su traducción del Tao Te Ching The Way and its Power: "A Study of the Tao Te Ching and its Place in Chinese Thought", de

1934 es una de las más publicadas y leídas en lengua inglesa y es la que traducimos aquí. A diferencia de otros sinólogos ingleses dedicados a las traducciones chinas que vivieron un prolongado tiempo en China, su labor la realizó exclusivamente en Inglaterra.

Con respecto a esta obra, el propio Waley expresó, que tuvo sumo cuidado de poner el significado por encima del estilo para acercarla más al lector occidental moderno. Aspecto también tenido en cuenta a la hora de seleccionar esta traducción para trasladarla al castellano.

Los restos de Arthur Waley descansan en el famoso cementerio de Highgate en Londres.

Í N D I C E

TAO TE CHING

"El camino de la virtud"

VOLUMEN I

1

El Camino (Tao) del que se puede hablar no es un Camino Invariable;
Los nombres que pueden ser nombrados no son nombres invariables.
Fue del Sin Nombre que surgieron el Cielo y la Tierra;
El nombre no es más que la madre que cría a las diez mil criaturas, cada una según su especie.
En verdad, "Solo el que se libra para siempre del deseo puede ver las Esencias Secretas";
Aquel que nunca se ha librado del deseo puede ver solo los resultados.
Estas dos cosas salieron del mismo molde, pero sin embargo, son diferentes en su nombre.
A este "mismo molde" no podemos sino llamarle Misterio,
O más bien "Más oscuro que cualquier misterio";
La Puerta de donde salieron todas las Esencias Secretas.

2

Es porque todos los que están bajo el cielo reconocen la belleza como belleza;
Es que la idea de la fealdad existe.
E igualmente si cada uno reconociera la virtud como virtud, esto solo crearía nuevas concepciones de la maldad.
Porque en verdad, el Ser y el No Ser surgen el uno del otro;
Difícil y fácil se complementan el uno al otro.
La apreciación de largo y corto es relativa;
Altos y bajos se determinan el uno al otro.
El tono y el modo se dan armonía el uno al otro.
El frente y la parte trasera dan secuencia el uno al otro.
Por lo tanto, el sabio se basa en la actividad sin acción,
Lleva a cabo una enseñanza sin palabras,
Pero trabaja sobre las innumerables criaturas;
No las repudia.
Las cría, pero no las reclama,
Las controla, pero no se apoya en ellas,
Logra su objetivo, pero no llama la atención sobre lo que hace;
Y por la misma razón de que no llama la atención de lo que hace;
No es expulsado de la realización de lo que ha hecho.

3

Si dejamos de buscar "personas de moralidad superior" (hsien) para poner en el poder,
No habrá más celos entre el pueblo.
Si dejamos de dar importancia a los productos que son difíciles de conseguir,
No habrá más ladrones.
Si la gente nunca ve cosas que exciten el deseo,
Sus corazones permanecerán plácidos y sin perturbaciones.
Por lo tanto, el Sabio gobierna
Vaciando sus corazones.
Y llenando sus corazones.
Debilitando su inteligencia.
Y endureciendo sus tendones.
Siempre esforzándose por hacer que la gente no tenga conocimientos ni deseos.
De hecho, se asegura de que si hay alguien que tenga conocimientos,
No se atreva a interferir.
Sin embargo, a través de su actividad sin acción todas las cosas están debidamente controladas.

4

El Tao es como un recipiente vacío.
Imposible de llenar
Y sin necesidad de ser llenado.
No tiene fondo; es el mismo progenitor de
todas las cosas en el mundo.
En él toda la agudeza es desafiada,
Todos los enredos desatados,
Todo el resplandor está armonizado,
Todo el polvo se ha calmado.
Es como una piscina profunda que nunca se
seca.
¿Era el hijo de otra cosa?
No podemos decirlo.
Pero como una imagen sin sustancia, existió
antes de los ancestros.

5

El cielo y la tierra son imparciales;
Para ellos las diez mil cosas no son más que
imitaciones.
El sabio también es imparcial;
Para él las personas no son más que
iluminaciones.
Sin embargo, el cielo y la tierra, y todo lo que
hay entre ellos;
Es como un fuelle que está vacío, pero da un
suministro de aire inagotable.
Cuanto más se agita más aire sale.
Mientras que la fuerza de las palabras pronto
se gasta.
Es mejor mantener para si los pensamientos.

6

El Espíritu del Valle nunca muere.
Se llama la Mujer Misteriosa.
Y la puerta de la Mujer Misteriosa es la base
de la que surgieron el Cielo y la Tierra.
Está ahí dentro de nosotros todo el tiempo;
Recurre a ella cuando la necesite, nunca se
agota.

7

El cielo es eterno, la tierra es eterna.
¿Cómo es que son así?
Es porque no fomentan sus propias vidas;
Por eso viven tanto tiempo.
Por lo tanto, el sabio se coloca el mismo en el
final;
Pero siempre está en el primer plano.
Permanece fuera; pero siempre está dentro.
Solo porque no se esfuerza por ningún fin
personal
Es que todos sus fines personales se cumplen.

8

La suprema bondad es como el agua.
El agua es buena y beneficia a las diez mil
criaturas;
Sin embargo, no se revuelve,
Pero se contenta con los lugares que todos los
hombres desprecian.
Es esto lo que hace que el agua esté tan cerca
del Camino (Tao).
Y si los hombres piensan que el suelo es el
mejor lugar para construir una casa,
Si entre los pensamientos valoran los que son
profundos,
Si en la amistad valoran la dulzura,
En palabras, la verdad;
En el gobierno, el equilibrio;
En los hechos, la eficacia y la justicia.
Es porque en cada cosa prefiere lo que no
conduce a la lucha,
Y por lo tanto, no se equivoca.

9

Extiende una reverencia al máximo,
Y desearás haberte detenido a tiempo;
Templar el filo de espada hasta su máxima
expresión,
Y verás que pronto se desgasta.
Cuando el bronce y el jade llenen tu salón.
Ya no pueden ser custodiados.
La riqueza y el orgullo generan insolencia.
Eso trae la ruina y la desgracia.
Cuando tu trabajo esté hecho, ¡retírate!
Así es el camino del cielo.

10

Puedes evitar que el alma inquieta se pierda,
Aferrarse a la Unidad, y no abandonarla
nunca.
Puedes, al concentrar tu aliento,
Hacerlo suave como el de un niño pequeño
Puedes limpiar tu visión del Misterio hasta
que todo se muestre claro y transparente.
Puedes amar a la gente y gobernar la tierra,
Y aún así seguir siendo desconocido.
Puedes abrir y cerrar las puertas celestiales
para interpretar siempre el papel femenino.
Puede tu mente penetrar en cada rincón de la
tierra,
Pero sin que nunca intervengas.
Retrocede, entonces, aliméntalos,
Retrocede, pero no le reclames.
Contrólalos, pero nunca te apoyes en ellos;
Sé el jefe entre ellos, pero no los dirijas.
Esto se llama el Poder Misterioso.

11

Juntamos treinta radios y lo llamamos rueda;
Pero su utilidad se halla en el espacio vacío
donde no hay nada.
Moldeamos   la arcilla para hacer un
recipiente;
Pero la utilidad del recipiente está en el
espacio vacío donde no hay nada.
Construimos puertas y ventanas para hacer
una casa;
Pero la utilidad de esta se halla en los
espacios vacíos donde no hay nada.
Por lo tanto, así como aprovechamos lo que
es,
Debemos reconocer la utilidad de lo que no
es.

12

Los cinco colores confunden el ojo,
Los cincos sonidos embotan el oído,
Los cinco sabores estropean el paladar.
El exceso de caza y persecución de la presa
Trastornan su mente y lo enloquecen.
La lucha por la adquisición de riquezas
envilece las acciones humanas.
Por lo tanto, el sabio no solamente educa sus
ojos, sino que también educa su mente;
Y así, libre de la sensación de color, sonido y
gusto puede elegir su camino.

13

*El favor y la desgracia son engañosos y se
orientan hacia la locura;*
*El alto rango duele mucho cuando nuestros
cuerpos duelen.*
*¿Qué significa decir que el favor y la
desgracia se dirigen hacia la locura?*
*Significa que cuando los sujetos lo consiguen,
se vuelven perturbados,*
Cuando lo pierden se vuelven angustiados.
*Eso es lo que se quiere decir que el favor y la
ofensa se dirigen hacia la locura.*
*¿Qué significa decir que el alto rango duele
mucho cuando nuestros cuerpos duelen?*
*La única razón por la que nos duele es porque
tenemos cuerpos;*
*Si no tuviéramos cuerpos, ¿cómo podríamos
sufrir?*
Por lo tanto, podemos aceptar el proverbio:
*"El que sabe cuidar su cuerpo puede cuidar
el mundo. El que puede cuidar el mundo es
digno de confianza".*

14

Si miras el Camino y no lo ves, llámale inmaterial.

Si lo escuchas y no lo oyes, llámale afónico.

Porque la mano lo siente pero no lo encuentra, llámalo infinitesimal.

Estas tres cualidades forman una sola cosa;

Confusa en tiempos pasados, inexplicable en el presente.

Porque no pueden ser examinadas más a fondo,

Su levantamiento no trae ninguna luz;

Su hundimiento, no trae oscuridad.

Es la serie interminable de cosas sin nombre

En el camino de regreso a donde no hay nada.

Se llaman formas sin forma;

Formas sin forma; se llaman semblanzas vagas.

Ve hacia ellas, y no podrás ver su frente;

Ve tras ellas, y no podrás ver sus espaldas.

Sin embargo, al tomar el camino que fue

Puedes notar las cosas que son ahora.

Para saber lo que una vez hubo, en el Principio.

Esto se llama la esencia del Tao.

15

Los mejores entre los antiguos eran los ministros de la Corte
Tenían naturalezas internas sutiles, abstrusas, misteriosas, penetrantes,
Demasiado profundas para ser comprendidas.
Y porque tales hombres no podían ser entendidos
Solo puedo decir de ellos, cómo se mostraban ante el mundo:
Parecían circunspectos, como el que en invierno cruza un arroyo helado.
Vigilantes, como alguien que debe enfrentarse al peligro por todos lados.
Ceremoniosos, como alguien que hace una visita;
Discretos, como el hielo cuando comienza a derretirse.
Sinceros, como la madera virgen sin tallar;
Acogedores como un valle entre las colinas.
Murmurantes, como un arroyo turbulento
Tranquilos, como los vastos océanos,
A la deriva como el viento sin parar.
¿Quién de ustedes asume tal oscuridad
Para que al final quede quieto y claro?
Quién puede mantenerse inerte,
Para al final renacer y revolverse lleno de vida?
Los que poseen este Tao no intentan llenarse hasta el borde,

Y porque no intentan llenarse hasta el borde,
Son como una prenda que soporta todo el
desgaste y no necesita renovarse nunca.

16

Empuja lo suficiente hacia el Vacío,
Agárrate lo suficiente a la quietud,
Las diez mil cosas que no se pueden trabajarse más que en ti.
Las he contemplado, dondequiera que vuelvan.
Mira, todas las cosas que florecen
Vuelven a la raíz de la que crecieron.
Este retorno a la raíz se llama Silencio;
El silencio se llama sumisión al destino;
Lo que se ha sometido al Destino se ha convertido en parte de lo que siempre ha sido.
Conocer el siempre así es ser Iluminado;
No conocerlo, significa ir ciegamente hacia al desastre.
El que conoce el siempre así tiene espacio en él para todo;
El que tiene espacio en él para todo, vive sin prejuicios.
Estar sin prejuicios es ser rey;
Ser rey es ser del cielo;
Ser del cielo es estar en el Tao.
El Tao es para siempre y el que lo posee,
Aunque su cuerpo muera, no se destruye.

17

De los más altos, la gente solo sabe que existe uno así;
Al siguiente se acercan y lo alaban.
Al siguiente se encogen, se intimidan, pero lo vituperan.
Verdaderamente, "Es por no creer a la gente que los conviertes en mentirosos".
Pero del sabio es difícil, a cualquier precio, conseguir una sola palabra;
Y cuando su tarea esté cumplida, y su trabajo esté hecho,
En todo el país cada uno dirá: "Sucedió por su propia voluntad".

18

Fue cuando la Gran Vía declinó
Que surgieron la bondad y la moralidad
humanas;
Fue cuando la inteligencia y el conocimiento
aparecieron, que comenzó el gran artificio.
Fue cuando los seis cercanos ya no estaban
en paz, que comenzó a hablarse de "hijos
obedientes";
Ni hasta que la patria estuvo a oscuras por
las luchas
¿Hemos oído hablar de "esclavos leales".

19

Destierra la sabiduría, desecha el conocimiento,
Y el pueblo se beneficiará cien veces.
Destierra la filantropía, descarta la justicia,
Y el pueblo será obediente y compasivo.
Destierra la habilidad, descarta el beneficio,
Y los ladrones y asaltantes desaparecerán.
Si cuando estas tres cosas se hacen, encuentran la vida demasiado simple y sin adornos,
Entonces déjalos que tengan accesorios;
Dales Simplicidad para mirar, atiende lo sencillo y genuino,
Dales desinterés y restringe sus deseos.
Destierra el aprendizaje, y no habrá más duelo.

20

Entre el ¡si! afirmativo y la conformidad del ¡bueno!
¿Cuál es la diferencia después de todo?
¿Puede compararse con la diferencia entre lo bueno y lo malo?
El proverbio "lo que otros evitan yo también debo evitarlo"
¿Qué tan falso y superficial es?
Todos los hombres, en efecto, están envueltos en sonrisas,
Como si festejaran   después del Gran Sacrificio,
Como si fueran a ir al Carnaval de Primavera.
Solo yo soy inerte, como un niño que aún no ha dado señales;
Como un niño que aún no ha sonreído.
Me caigo y voy a la deriva, como si no perteneciera a ninguna parte.
Todos los hombres tienen suficiente y de sobra;
Solo yo parece que lo he perdido todo.
La mía es, en efecto, la mente de un idiota,
Soy tan aburrido.
El mundo está lleno de gente que brilla;
Solo yo soy oscuro.
Se ven vivaces y seguros de sí mismos;
Solo yo estoy deprimido.
Inquieto como el vasto océano azotado por la

tormenta;
Todos los hombres pueden tener objetivos y son útiles;
Solo yo soy intratable y grosero.
Pero en lo que más me diferencio de los hombres;
Es que no valoro ningún sustento que no provenga de la madre naturaleza.

21

Tal es el alcance del Poder Todopoderoso.
Que solo él puede actuar a través del Tao.
Porque el Camino es algo impalpable,
inconmensurable.
Sin embargo, latentes en él están las formas;
Impalpable, inconmensurable.
Sin embargo, dentro de él hay entidades.
Es sombrío y tenue;
Sin embargo, dentro de él hay una fuerza,
Que no es menos eficaz.
Desde los tiempos antiguos hasta ahora
Su esencia no ha salido
Pero es el origen de todas las causas.
¿Cómo sé que es el origen de todas las
causas?
Por las causas mismas.

22

"*Para permanecer recto hay que nacer torcido!*"
Para volverse recto, déjese doblar.
Para volverte lleno, sé vacío.
Hazte andrajos, para que te renueves las vestimentas.
Los que tienen poco, pueden conseguir más,
Los que tienen mucho, están perplejos.
Por lo tanto; el Sabio acepta la Unidad Primaria,
Uniendo con ello todo lo que hay bajo el cielo.
No se muestra; por lo tanto, se ve en todas partes.
No se define a sí mismo, por lo tanto es distinto.
No se jacta de lo que va a hacer, por lo que siempre tiene éxito.
No se enorgullece de su trabajo, y por eso perdura.
No lucha,
Y por esa misma razón nadie bajo el cielo puede competir con él.
Entonces vemos que el antiguo proverbio "Para permanecer recto hay que nacer torcido!".
No era una palabra ociosa;
Porque la verdadera integridad solo puede ser alcanzada mediante el retorno.

23

Estar siempre hablando va en contra de la naturaleza.
Por la misma razón que un vendaval furioso nunca dura una mañana entera,
Ni una tormenta de lluvia todo el día.
¿Quién es el que hace el viento y la lluvia?
Es el Cielo y la Tierra.
Y si ni siquiera el Cielo y la Tierra pueden soplar o llover por mucho tiempo,
¿Cuánto menos debe hacer el hombre?
Verdaderamente, si uno emplea el Tao como su instrumento,
Los resultados serán como el Tao;
Si se usa la "virtud" como instrumento,
Los resultados serán como la "virtud".
Si uno usa lo que es el reverso de la "virtud",
Los resultados serán lo contrario de la "virtud".
Porque para aquellos que se han conformado con el Tao,
El Tao presta fácilmente su virtud.
A aquellos que se han conformado con la virtud,
La virtud fácilmente, presta más virtud.
Mientras que a los que se conforman con la ineficacia,
La ineficacia se presta fácilmente a su ineficacia.
Es por no creer en la gente que los conviertes

en mentirosos

24

"El que se pone de puntillas, no se mantiene firme;
El que da las zancadas más largas, no camina más rápido".
El que hace su propia mirada ve poco,
Quien se define a sí mismo no es, por lo tanto, distinto.
El que se jacta de lo que hará, no tiene éxito en nada;
El que se enorgullece de su trabajo, no logra nada que perdure.
De estos, desde el punto de vista del camino, se dice:
"Pasa los platos superfluos a los que ya han comido suficiente,
Y ninguna criatura los rechazará con disgusto".
Es por eso que el que posee el Tao no se queda satisfecho.

25

Había algo sin forma pero completo,
Que existió antes del Cielo y la Tierra;
Sin sonido, sin sustancia,
Dependiente de nada, inalterable,
Todo penetrante, infalible.
Uno puede pensar que es la madre de todas las cosas bajo el cielo.
Su verdadero nombre no lo conocemos;
Si me viera obligado a decir a qué clase de cosas pertenece
Debería llamarlo Gran Camino (Tao)
Ahora el camino también significa pasar,
Y pasar significa ir muy lejos,
E ir lejos significa volver.
Así como el Tao tiene "esta grandeza" y la Tierra la tiene, y el Cielo la tiene,
Así el gobierno también puede tenerla.
Así, dentro del reino hay cuatro porciones de grandeza,
Y una pertenece al rey.
Los caminos de los hombres están condicionados por los de la Tierra.
Los caminos de la Tierra, por los del Cielo.
Los caminos del Cielo por los de Tao, y los caminos de Tao por los de la Naturaleza.

26

*Así como lo pesado debe ser la base de lo
ligero,*
*La tranquilidad es el señor y maestro de la
actividad.*
*Verdaderamente, "Un hombre justo aunque
viaje todo el día*
No se dejará separar de su vagón de equipaje,
*Por magnífica que sea la vista, se siente
tranquilo e impasible".*
*¿Cuánto menos, entonces, debe ser el señor
de los diez mil carros?*
*¿Permítase ser más ligero que estos él que
gobierna?*
Si es ligero, los cimientos se pierden;
Si él es exaltado, puede perder su autoridad.

27

*El buen caminante no deja huellas detrás de
sí;*
*El habla perfecta es como un trabajador del
jade;*
Cuya herramienta no deja ninguna marca.
*El calculador perfecto no necesita emplear
ábacos;*
*La puerta perfecta no tiene ni cerrojos ni
barras,*
Sin embargo, no se puede abrir.
El nudo perfecto no necesita ni soga ni hilo,
Sin embargo, no se puede desunir.
*Por lo tanto, el sabio actúa todo el tiempo de
la manera más perfecta;*
Ayudando a los hombres,
*Ciertamente no le da la espalda a los
hombres;*
*Es todo el tiempo de la manera más perfecta
ayudando a las criaturas,*
*Ciertamente no le da la espalda a las
criaturas.*
Esto se llama recurrir a la Luz.
*Verdaderamente, "el hombre perfecto es el
maestro de los imperfectos;*
*Pero el imperfecto es la reserva del hombre
perfecto".*
Aquel que no respeta a su maestro,
*Aquel que no cuida de los objetos y utensilios
útiles para que no se deterioren,*

Mucho de lo que ha aprendido a través de él está muy lejos ser real.
Este es el secreto esencial.

28

"La virilidad es positiva, pero se aferra a la feminidad contraria;
Para hacer del mundo un valle en donde la Virtud eterna
Reaparece constantemente en su infancia.
Porque conoce todo el tiempo una virtud a la que nunca recurre en vano.
Aquel que conoce el blanco, aún así se aferra al negro.
Se convierte en el patrón por el cual todas las cosas son probadas;
Y siendo tal patrón
Tiene todo el tiempo una virtud que nunca se equivoca,
Vuelve al Sin Límite.
El que conoce la gloria, se aferra a la ignominia.
Se convierte en un valle que recibe en él todas las cosas bajo el cielo,
Y siendo un valle así
Mantiene durante todo el tiempo una virtud que le basta;
Vuelve al estado del bloque sin tallar.
Ahora, cuando un bloque es cortado, se convierte en un implemento;
Pero cuando el Sabio lo usa, se convierte en el Jefe de todos los Ministros.
Verdaderamente, "El mayor tallador hace el menor corte".

29

Aquellos que obtendrían lo que está bajo el cielo al manipularlo
He visto que no tienen éxito.
Porque lo que hay debajo del Cielo es como un vaso sagrado, peligroso de manipular.
Los que lo manipulan, lo dañan.
Los que lo agarran, lo pierden.
Porque entre las criaturas del mundo algunos van delante, mientras otros los siguen;
Algunos despiden calor cuando otros sienten frío.
Algunos se sienten vigorosos cuando otros están agotados.
Por lo tanto, el sabio "descarta lo absoluto, lo inclusivo, lo extremo".

30

Quien gobierna ateniéndose al Tao
No intenta dominar el mundo mediante la fuerza de las armas.
Porque tales cosas suelen rebotar.
Donde hay ejércitos, crecen espinas y zarzas.
Al levantamiento de una gran hueste
Le sigue un año de escasez.
Por lo tanto, un buen general afecta cambia de estrategia, y luego se detiene; no aprovecha más su victoria.
Cumple con su propósito y no se enorgullece de lo que ha hecho;
Cumple su propósito y no se jacta de lo que ha hecho;
Cumple su propósito, pero no se enorgullece de lo que ha hecho;
Cumple su propósito, pero solo como un paso que no puede ser evitado.
Cumple su propósito, pero sin violencia;
Porque lo que tiene un tiempo de prosperidad también tiene un tiempo de decadencia.
Esto va en contra del Tao,
Y lo que está en contra del Tao pronto perecerá.

31

Las armas son instrumentos nefastos por lo que la gente las detesta.
Los que están en posesión del Tao no dependen de ellas.
Por eso, entre la gente de bien,
En la paz, el lado izquierdo es el lugar de honor,
Pero en la guerra esto se invierte y el lado derecho es el lugar de honor.
Las armas son cosas de mal agüero, de las que el hombre justo no debe depender.
Cuando no tiene otra opción que usarlas,
La mejor actitud es mantener la tranquilidad y la paz.
El hombre de paz, incluso cuando conquista, no considera las armas como cosas buenas.
Porque pensar que son encantadoras significa deleitarse con ellas,
Y deleitarse en ellas significa deleitarse en la matanza de hombres.
Y el que se deleita en la matanza de hombres
Nunca obtendrá lo que busca de los que habitan bajo el Cielo.
Así, en los eventos felices,
El lado izquierdo es el lugar de honor, en la pena y el luto,
La mano derecha es el lugar de honor.
El teniente general está a la izquierda,
El general supremo está de pie a la derecha,

Como cuando se organizan los ritos de luto.
Cuando se ha matado mucha gente esto es recibido con pena y luto;
El que ha vencido en la batalla es recibido con ritos de luto.

32

El Tao es eterno, pero carece de nombre;
Aunque aparentemente de poca importancia,
es más grande que cualquier cosa que esté
bajo el cielo.
Si los reyes y los príncipes asumieran el Tao,
Las diez mil criaturas acudirían en tropel
para rendirles homenaje;
El cielo y la tierra se unirían
Para enviar dulce rocío,
Sin leyes ni gobierno, los hombres vivirían en
armonía.
Una vez que se dividió dio origen a las diez
mil cosas,
Y a estas cosas se les dio nombres,
Saber que es hora de parar. Hay demasiados
nombres
Solo conociendo el momento de detenerse se
puede evitar el peligro.
El Tao en el Universo es comparable a los
arroyos y torrentes que fluyen en un gran río
hacia el mar.

33

Entender a los demás es tener conocimiento;
Entenderse a sí mismo es ser iluminado.
Para conquistar a los demás se necesita fuerza;
Conquistarse a sí mismo es aún más difícil.
Estar contento con lo que uno tiene es ser rico.
El que se esfuerza sin cesar es voluntarioso y puede lograr lo que se propone;
Solo el que se mantiene firme en su lugar puede perdurar.
El que muere y no perece es eterno.

34

El Tao es como un barco que va a la deriva;
Puede ir por aquí, puede ir por allá.
Las diez mil criaturas le deben su existencia y
no las repudia;
Sin embargo, habiéndolas engendrado, no
toma posesión de ellas.
No pretende ser dueño de ellas,
(Y no les pide nada).
Por lo tanto, puede ser llamado el humilde.
Las diez mil criaturas le obedecen,
Aunque no saben que tienen un maestro;
Por lo tanto, se llama el Grande.
Así también el Sabio.
Solo porque en ningún momento hace una
demostración de grandeza;
De hecho, alcanza la grandeza.

35

El Tao no es agradable, pero es necesario
El que obtenga la gran forma original
Puede seguir con el suyo, pero sin hacer daño.
Todo es paz, tranquilidad y seguridad.
El sonido de la música, el olor de los buenos platos hará que el extraño que pasa se detenga.
¡Cuánta diferencia hay entre las palabras del Tao!
¡Tan simples, tan insípidas!
Si uno busca al Tao, no hay nada sólido que ver;
Si uno lo escucha, no hay nada lo suficientemente fuerte para oír.
Pero si uno lo usa, es inagotable.

36

Lo que al final se reducirá
Primero debe ser estirado.
Lo que sea que deba ser debilitado
Debe comenzar por hacerse fuerte.
Lo que debe ser derrotado
Debe comenzar por ser establecido.
Para que alguien obtenga algo,
Antes debe haber alguien que lo haya dado.
Este es el Misterio Oculto
Es así como lo suave supera a lo duro
Y los débiles a los fuertes.
"Es mejor dejar los peces en el agua;
Es mejor dejar las armas del Estado donde
nadie pueda verlas".

37

El Tao nunca lo hace;
Sin embargo, a través de él todas las cosas se
hacen.
Si los príncipes y los reyes pudieran unírsele,
Las diez mil criaturas se transformarían de
una vez.
Y si una vez transformadas se mantiene la
codicia,
Deberíamos retornarlas a la simplicidad sin
nombres.
La simplicidad de los nombres evita el deseo y
trae la paz.
Sin deseos es posible la paz.
Y así, por sí mismo, todo se ordenaría y se
mantendría en paz.

VOLUMEN II

38

El hombre de "virtud" superior no se revela como un poseedor de "virtud";
Por lo tanto, mantiene su "virtud".
El hombre de "virtud" inferior no puede librarse de aparentar "virtud";
Por lo tanto, él carece de "virtud".
El hombre de "virtud" superior no actúa por intereses personales;
El hombre de "virtud" inferior actúa por intereses personales.
El hombre de la más alta bondad, aunque actúa, no es considerado;
Mientras que un hombre de la más alta moralidad actúa y es considerado así;
La justicia actúa pero solo cuando es requerida
Incluso el que es más versado en rituales no solo actúa,
Pero si la gente no responde
Entonces se subirá las mangas y actuará sobre ellas.
Por eso se dice:
"Después de que el Tao se perdió, entonces vino la 'virtud';
Después de que se perdió la 'virtud', entonces vino la filantropía."

Después de que se perdiera la filantropía, llegó la justicia,
Después de que se perdiera la justicia, llegó el ritual.
El ritual es solo la apariencia de la fe y la lealtad, pero es en realidad el origen de todo desorden y confusión
La precognición puede ser la "flor del Tao",
Pero es el comienzo de la locura.
Por lo tanto, el hombre sabio toma su posición sobre la sustancia sólida
Y no sobre la mera cubierta,
Sobre el fruto y no sobre la flor.
En verdad, "rechaza esto y toma aquello".

39

Las cosas antiguas conservaban la Unidad
El cielo a través de la Unidad permanece
diáfano,
La Tierra permanece estable,
Los espíritus mantienen su santidad,
El abismo está reabierto,
Las diez mil criaturas tienen su especie,
Los reyes y príncipes alcanzaron la Unidad y
se
Convirtieron en gobernantes soberanos del
mundo.
Todos ellos son lo que son en virtud de la
Unidad.
Si no fuera tan diáfano, el cielo pronto se
desgarraría,
Si no fuera por la estabilidad, la tierra pronto
se volcaría,
Si los manantiales no estuvieran colmados, se
secarían
Si no fuera por su santidad, el espíritu pronto
se marchitaría.
Si no fuera porque diez mil criaturas pueden
soportar su especie,
Pronto se extinguirían.
Si los reyes y príncipes ya no fueran
gobernantes justos de su pueblo
Por esa razón honrada y exaltada, pronto
serían derrocados.
Verdaderamente "el humilde es el tallo sobre

el que crece el poderoso,
Lo bajo es el cimiento sobre el que se asienta
lo alto".

Es por eso que los reyes y príncipes se
refieren a sí mismos como "Los huérfanos",
"Los necesitados", "Los más míseros".

¿No es este un caso de poderío que se basa en
la humildad?

Es cierto lo que se dice:
"Enumera las partes de un carruaje,
Y todavía no has explicado lo que es un
carruaje".

Y no querían que ellos mismos hicieran
tintinear como campanas de jade,
Mientras que otros resonaban como
campanas de piedra".

40

El movimiento del Tao es
La transmutación de los contrarios
Porque aunque todas las criaturas bajo el
cielo son los productos del Ser,
El ser en sí mismo es el producto del no ser.

41

Cuando el sabio escucha al Tao
Hace lo mejor que puede para ponerlo en
práctica.
Cuando el hombre de mediana capacidad
escucha al Tao
Lo estudia superficialmente y lo abandona.
Cuando el hombre de baja capacidad escucha
a Tao
Se ríe a carcajadas.
Si no se riera, El Tao no sería lo que es.
Por eso el proverbio lo dice:
"El camino hacia la luz a menudo parece
oscuro,
El camino que sigue adelante a menudo
parece como si volviera atrás."
El canino llano parece escabroso, como si
subiera y bajara,
La "virtud" más elevada parece un abismo,
Lo que es blanco y puro se ve borroso.
La "virtud" más suficiente parece
inadecuada,
La "virtud" que se mantiene más firme parece
endeble.
Lo que está en su estado natural y puro
parece descolorido;
El cuadrado más grande no tiene esquinas,
La nave más grande es la que más tiempo se
tarda en terminar,
La gran música tiene las notas más débiles,

El Gran Tao no tiene forma.
Porque   el Tao permanece oculto y sin nombre.
Sin embargo, solo el Tao logra que todo se realice.

42

El Tao engendró al uno (al Elegido);
El uno engendró al dos,
El dos engendró al tres y así sucesivamente,
hasta diez mil.
Estas diez mil criaturas no pueden dar la
espalda a la sombra
Sin tener el sol en sus estómagos,
Y es de esta mezcla que depende la armonía.
Ser huérfano, necesitado, miserable, es lo que
más odia el hombre;
Sin embargo, los príncipes y duques los
emplean para sí mismos.
Porque unos ganan perdiendo, y otros pierden
ganando.
Las máximas que otros usan en su enseñanza
yo también las usaré en la mía.
Muéstrame un hombre de violencia que haya
tenido un buen final,
Y lo tomaré como mi maestro.

43

Lo más blando del mundo vence a lo más duro
La nada penetra donde no hay resquicio.
Así es como reconozco el valor de no interferir.
Y que puede haber enseñanza sin palabras (silencio),
Valor en la acción que no tiene acción,
Pero pocos pueden entenderlo.

44

La gloria o la propia persona, ¿qué es lo más importante para uno?

El propio yo o las cosas compradas, ¿qué es lo que más cuenta?

En el obtener o el perder, ¿qué es peor?

Por lo tanto, el que reniega de los gastos paga más caro al final;

El que más ha acaparado sufrirá la mayor pérdida.

Conténtate con lo que tienes y eres, y nadie podrá despojarte;

Quien se detiene a tiempo nada puede hacerle daño.

Está siempre a salvo y seguro.

45

Lo que es más perfecto parece que le falta algo;
Sin embargo, su uso no se ve afectado.
Lo que está más lleno parece vacío;
Sin embargo, su contenido es inagotable.
Lo que es más recto parece torcido;
La mayor habilidad parece torpeza,
La mayor elocuencia, como el tartamudeo.
El movimiento supera al frío;
Pero quedarse quieto supera al calor.
Lo calmado y sereno son los que restauran
El orden bajo el cielo.

46

Cuando reina el Tao en el imperio
Los corceles de guerra son empleados para
acarrear el estiércol
y fertilizar los campos.
Cuando no reina el Tao en el imperio,
Los caballos de guerra serán criados en los
campos de cultivo e incluso en los montículos
sagrados bajo las murallas de la ciudad.
(Ningún señuelo es más grande que desear
poseer lo que otros quieren).
No hay mayor desastre que no contentarse
con lo que se tiene,
Ningún presagio de maldad es mayor para los
hombres que el querer obtener más de lo que
le corresponde.
Es verdad:
"Aquel que una vez conoció la satisfacción
que viene simplemente de estar contento,
Nunca más se sentirá triste".

47

Sin salir de su puerta
Él sabe todo lo que hay debajo del cielo.
Sin mirar por su ventana
Conoce todos los caminos del cielo.
Porque cuanto más lejos se viaja menos se
conoce.
Por lo tanto, el sabio llega sin ir,
Lo ve todo sin mirar,
No hace nada, pero lo logra todo.

48

*El aprendizaje consiste en aumentar los
conocimientos día a día;
La práctica del Tao consiste en "restar algo
cada día",
Restar y una vez más restar
Hasta que se ha llegado a la inactividad.
Pero por esta misma inactividad
Todo puede ser activado.
Aquellos que en la antigüedad ganaron la
adhesión de los que viven bajo el cielo
Todos lo hicieron sin interferir.
Si hubieran interferido,
Nunca habrían ganado esta adhesión.*

49

El sabio no tiene corazón propio;
Utiliza el corazón de la gente como su
corazón.
Del buen hombre aprueba,
Pero del malo también aprueba,
Y así consigue la bondad.
Al hombre verdadero le cree, pero al
mentiroso también le cree,
Y así obtiene la verdad.
El sabio, en su trato con el mundo, parece
aturdido por el miedo;
Por el bien del mundo, se le ha embotado el
ingenio.
Las cien familias se esfuerzan todo el tiempo
por ver y oír,
El sabio no ve y oye más de lo que un niño ve
y oye.

50

El que apunta a la vida logra la muerte.
Si los "compañeros de la vida" son trece,
Así como los "compañeros de la muerte"
trece.
¿Cómo es que los "compañeros de la muerte"
en la vida y la muerte del hombre,
También son trece?
Es porque los hombres viven la vida
frenéticamente.
Se dice que el que da a la vida un verdadero
sentido,
Cuando camina por la tierra no se encuentra
con tigres o búfalos salvajes;
En la batalla no le tocan las armas de guerra.
En efecto,
Un búfalo que lo atacara no encontraría nada
para sus cuernos,
Un tigre no encontraría nada para que sus
garras le desgarren,
Un arma no encontraría lugar para que su
punta penetrara.
¿Y por qué?
Porque tales hombres no tienen un "punto de
muerte" en sus cuerpos.

51

El Tao las engendró;
La "virtud" del Tao las crió,
Las moldeó de acuerdo a su tipo,
Las perfeccionó, dándole a cada uno su fuerza.
Por lo tanto
De las diez mil cosas que hay, no hay ninguna que no adore al Tao.
Y hace un homenaje a su "virtud".
Nunca salió ningún mandato que concediera al Tao el derecho a ser adorado,
Ni a su "virtud" el derecho a ser adorado,
Ni a su "virtud" el derecho a recibir homenaje.
Siempre fue así y por sí mismo.
Por lo tanto, como el Tao las engendró y "la virtud" del Tao las crió,
Las hizo crecer, las fomentó,
Las albergaba, las cuidaba
Engendrar y criar,
Así que debes criarlas, pero no reclamarlas,
Controlarlas, pero nunca apoyarte en ellas,
Ser el jefe entre ellas, pero no dirigirlas.
Esto se llama el "Poder misterioso".

52

Lo que fue el comienzo de todas las cosas
bajo el cielo
Podemos hablar de la "madre" de todas las
cosas.
Aquel que aprehende a la madre
Así conoce a los hijos.
Y el que ha conocido a los hijos,
Se agarrará más fuerte a la madre,
Y hasta el final de sus días no sufrirá ningún
daño;
"Bloquea los pasajes, cierra las puertas,
Y hasta el final tu fuerza no fallará.
Abre los pasajes, aumenta tus acciones,
Y hasta tu último día no necesitarás ninguna
ayuda".
La buena vista significa ver lo que es muy
pequeño
Así que la fuerza significa aferrarse a lo que
es débil.
Aquel que ha usado la luz exterior puede
volver a la luz interior
Y se preserva así de todo daño.
A esto se le llama recurrir siempre a lo
mismo.

53

El que tenga menos sentido común,
Una vez que se ha iniciado en el "Gran Camino" no tiene nada que temer
Siempre y cuando evite los giros.
Porque los grandes caminos son seguros y fáciles.
Pero los hombres aman los caminos secundarios.
Cuando la Corte está en orden
Se contentan con dejar que sus campos se conviertan en maleza
Y sus graneros estén vacíos.
Llevan patrones y bordados,
Llevan espadas afiladas, se abarrotan de bebida y comida,
Tienen más posesiones de las que pueden usar.
Estas son las formas de bandolerismo; no son el Tao

54

Lo que está bien arraigado por el Tao, no será arrancado.

Lo que el Tao agarra, no será soltado.

Solo por su virtud puede una generación tras otra llevar a cabo el sacrificio ancestral.

Aplícalo a ti mismo y por su poder serás liberado de la escoria.

Aplícalo a tu casa y tu casa tendrá abundancia.

Aplícalo a la aldea, y la aldea estará segura.

Aplícalo al reino, y el reino florecerá.

Aplícalo a un imperio, y el imperio se extenderá.

Por lo tanto, así como a través de uno mismo se puede contemplar a uno mismo,

Así es que a través de la casa uno puede contemplar la Casa,

Y a través de la aldea, uno puede contemplar la Aldea,

Y a través del reino, uno puede contemplar el Reino,

Y a través del imperio, uno puede contemplar el Imperio.

¿Cómo sé que el universo es así?

Porque lo veo en mi mismo

55

Las cosas cargadas de "virtud"
Pueden compararse con un niño.
Los insectos venenosos no lo pican,
Ni las bestias feroces se apoderan de él,
Ni los pájaros con garras lo destrozan,
Sus huesos son suaves, sus tendones débiles;
pero su agarre es fuerte.
Aún no ha conocido la unión del macho y la
hembra,
Pero estar completamente formado,
Significa que la fuerza vital está en su
apogeo;
Ser capaz de gritar todo el día sin quedarse
ronco
Significa que la armonía está en su
perfección.
Entender tal armonía es entender el siempre
así.
Entender el siempre así es estar iluminado.
Pero llenar la vida hasta el borde es invitar a
los presagios.
Si el corazón llama al aliento de la vida, la
rigidez le sigue.
Todo lo que tiene un tiempo de esplendor,
también tiene un tiempo de decadencia.
Tales cosas están en contra del Tao,
Y lo que esté en contra de Tao, pronto será
destruido.

56

Los que saben no hablan;
Los que hablan no saben.
Controla las emociones,
Simplifica las cuestiones,
Que la agudeza evite las confusiones,
Todos los enredos desatados,
Todo el resplandor armonizado.
Todo el polvo suavizado.
Esto se llama la "Misteriosa revelación".
Aquel que la ha logrado no se preocupa por el amor o el odio,
No se puede beneficiar, no se puede perjudicar,
No puede ser ni levantado ni humillado,
Y por esa misma razón es la más justa de todas las criaturas bajo el cielo.

57

"Los reinos solo pueden ser gobernados si se cumplen las leyes;
Las batallas solo pueden ser ganadas si se emplean tácticas eficaces".
Pero la unidad de todos bajo el cielo solo se puede alcanzar no interfiriendo.
¿Cómo sé que es así?
Por esto.
Cuantas más prohibiciones haya, más se limitarán los rituales,
Cuanto más pobre sea la gente.
Cuantas más "armas" haya,
Cuanto más se desanime, más crecerá toda la tierra.
Cuanto más astutos sean los artesanos,
Se inventarán los artilugios más perniciosos.
Cuantas más leyes se promulguen,
Habrá más ladrones y bandidos.
Por eso un sabio ha dicho:
Mientras yo "no haga nada" el pueblo se transformará por sí mismo.
Mientras disfrute la tranquilidad, el pueblo se enderezará por sí mismo.
Mientras yo permanezca inactivo, el pueblo se volverá próspero por sí mismo.
Mientras no tenga deseos
El pueblo volverá por sí mismo al estado inicial de sencillez".

58

Cuando el gobernante se mantenga reprimido, el pueblo estará feliz y satisfecho;
Cuando el gobernante se muestre animado y seguro de sí mismo, el pueblo estará carcomido y descontento.
"Es sobre la mala fortuna que se apoya la buena fortuna, sobre la buena fortuna que descansa la mala fortuna."
Pero aunque pocos lo sepan, hay un sitio donde no hay ni bien ni mal;
En un reino donde cada derecho es duplicado por uno torcido,
Y todo lo bueno por un enfermo, seguramente la humanidad se ha descarriado lo suficiente.
Por eso, el sabio es recto pero no tajante
Es anguloso, pero no hiriente,
Forma las esquinas sin salirse de la línea,
Se endereza sin estirarse,
Da luz sin brillar.

59

No puedes gobernar a los hombres ni servir al cielo
a menos que hayas mantenido moderación;
Esta moderación significa renunciar a los intereses personales,
Y adquirir moderación significa duplicar la "virtud" obtenida.
Duplica tu virtud acumulada y adquiere una fuerza que nada pueda superar.
Si no hay nada que no pueda superar, no conoce límites,
Y solo lo que no tiene límites es lo suficientemente grande para mantener un reino entero a su alcance.
Pero solo quien tiene el reino va a la Madre
Para que lo guíe por mucho tiempo.
El Tao implica adquirir raíces profundas y bases firmes.
Esto lleva a una larga vida con la visión fija y profunda.
Esto se llama el arte de hacer que las raíces golpeen profundamente cercando el tronco, de hacer la vida larga con la mirada fija.

60

Gobernar un gran reino es, en efecto, como cocinar peces pequeños, cuidando que no se desentrañen.

Aquellos que por Tao consideran todo lo que está bajo el cielo.

No dejaran que un espíritu maligno dentro de ellos despliegue sus poderes.

No, no es solo que el espíritu maligno no muestre sus poderes;

Tampoco el espíritu bueno del Sabio estaba acostumbrado a dañar a los hombres.

Ni tampoco, que su buen espíritu se usara para causar daño a otros hombres,

El sabio mismo se salvó así de los daños.

Y así, cada uno fue salvado del mal,

Y así su "virtud" podrá converger hacia un fin común.

61

Un gran reino debe ser como la tierra baja hacia la que fluyen los arroyos.

Debe ser un punto hacia el cual todas las cosas bajo el cielo convergen.

Su parte debe ser la de la mujer en su trato con todas las cosas bajo el cielo.

La hembra por la quietud conquista al macho; por la quietud se mete debajo.

Si un gran reino puede, de la misma manera, tener éxito

En pasar por debajo de un reino pequeño

Entonces ganará la adhesión del pequeño reino;

Y es porque los pequeños reinos perduran de esta manera,

Debajo de los grandes reinos.

Para que ganen la adhesión de grandes reinos.

Hay que meterse debajo para hacerlo;

El otro está debajo y por lo tanto lo hace.

(Lo que los grandes países realmente necesitan es más habitantes;

Y lo que los países pequeños necesitan es un amplio espacio

Donde el exceso de población pueda ir y conseguir trabajo).

Así cada uno obtiene lo que necesita.

Es por eso que digo que el gran reino debe "meterse debajo".

62

*El Tao en el Universo es como la esquina
suroeste de la casa.*
Es el tesoro del buen hombre,
El apoyo de los malos.
*Hay un tráfico de hablantes de palabras
bonitas;*
*Se aceptan regalos a personas de mal
comportamiento;*
*Incluso los malos no dejan pasar ninguna
oportunidad de adquirirlos.*
*Por lo tanto, en el día de la entronización de
un Emperador*
*O en el nombramiento de los tres ministros
del Estado*
*En lugar de enviar una cuadriga de cuatro
caballos, precedido por un disco de jade,*
Sería mejor cumplir con el Tao
*Los antiguos estimaban al Tao, y por eso
buscaban poseerle y evitar ofenderle.*
Esto es porque pensaban que era, en efecto,
*La más preciosa de todas las cosas bajo el
cielo.*

63

Actúa sin acción, hace sin hacer,
Encuentra el sabor en lo que es insípido,
Puede hacer que lo pequeño sea grande
y lo poco sea mucho,
"No obtiene beneficios con buenas acciones,
Lidia con lo difícil mientras aún es fácil,
Con lo grande mientras aún es pequeño".
En el gobierno del imperio todo lo difícil
Debe ser tratado mientras aún sea fácil,
Todo lo grande debe ser tratado mientras aún
es pequeño.
Por lo tanto, el sabio nunca tiene que lidiar
con lo grande;
Y así logra la grandeza.
Pero de nuevo "El que promete a la ligera
inspira poca confianza.
Y muchas facilidades significan muchas
dificultades.
Por lo tanto, el sabio considera lo fácil difícil,
Y al hacerlo, ¡evita todas las dificultades!

64

"Lo que se queda quieto es fácil de sostener;
Antes de que ocurra un presagio es fácil hacer planes.
Lo que es tierno se rompe fácilmente,
Lo que es diminuto es fácil de dispersar".
Enfrenta los problemas en su inicio,
Ponlos en orden antes de que se confundan.
Porque "el árbol grande como el abrazo de un hombre,
Comenzó como un pequeño brote",
La torre de nueve pisos de altura comenzó con un montón de tierra,
El viaje de mil leguas comenzó con lo que había bajo los pies".
El que actúa, daña; el que agarra, deja escapar.
Por lo tanto, el sabio no actúa, y por consiguiente, no hace daño;
No agarra, y así no deja escapar.
Mientras que la gente del mundo, en sus tareas,
Constantemente estropea las cosas cuando están a punto de completarlas.
"Presta atención al final no menos que al principio,"
Y tu trabajo no se echará a perder.
Por lo tanto, el Sabio solo quiere cosas que no son deseadas,
No establece ninguna tienda con productos

difíciles de conseguir,
Y así enseña cosas sin enseñar,
Volviendo a todos los hombres a las cosas que
han dejado atrás,
Para que las diez mil criaturas puedan ser
restauradas a su autoestima.
Esto lo hace; pero no se atreve a actuar.

65

En los días de antaño los que practicaban el Tao con éxito no lo hacían,
Esclareciendo con ello al pueblo,
Iluminaban a la gente, pero por el contrario buscaban hacerlos ignorantes.
Cuanto más conocimiento tiene la gente, más difícil es de gobernar.
Aquellos que buscan gobernar dando conocimiento
Son como bandidos que se aprovechan de la tierra.
Aquellos que gobiernan sin dar el conocimiento
Traen una reserva de buena fortuna a la tierra.
Haber entendido la diferencia entre estas cosas es tener una prueba y una norma
Para poder aplicar siempre esta prueba y esta norma
Se llama a la "Misteriosa virtud", tan profundamente penetrante,
Tan de largo alcance,
Que puede volver todas las cosas de nuevo
Al camino de vuelta a la Gran Armonía.

66

*¿Cómo consiguieron los grandes ríos y mares
su reinado
Y la contribución de cien arroyos menores?
Por el mérito de ser más bajos que ellos;
Así fue como obtuvieron su reinado.
Por lo tanto, el sabio
Para estar por encima de la gente
Debe hablar como si fuera más bajo que el
pueblo.
Con el fin de guiarlo
Debe ponerse detrás de él.
Solo así el sabio puede estar en la cima y el
pueblo no puede ser aplastado por su peso.
Solo así puede guiar, y el pueblo no puede ser
conducido al mal.
De hecho, de esta manera todo lo que está
bajo el cielo será alterado por él.
Y no encontrará que su orientación sea
molesta.
Esto lo hace sin esforzarse;
Y porque no se esfuerza, nadie puede
competir con él.*

67

Todos los que están bajo el cielo dicen que nuestro camino es muy parecido a la locura.

Pero solo porque es grande, parece una locura.

En cuanto a las cosas que no parecen una locura, bueno,

¡No puede haber ninguna duda sobre su pequeñez!

Aquí están mis tres tesoros.

¡Guárdalos y guárdalos!

El primero es la compasión;

El segundo, la frugalidad;

El tercero, el rechazo a ser "el primero de todas las cosas bajo el cielo".

Porque solo el que se compadece es realmente capaz de ser valiente;

Solo el que es frugal es capaz de ser profuso.

Solo el que se niega a ser el primero en todo,

Es verdaderamente capaz de convertirse en el jefe de todos los ministros.

En la actualidad su valentía no se basa en la piedad,

Ni su profusión de frugalidad,

Ni su vanguardia en tu retaguardia; y esto es la muerte.

Pero la piedad no puede luchar sin conquistar, o vigilar sin salvar.

El cielo arma con piedad a aquellos que no quiere ver destruidos.

68

Los mejores aurigas no se precipitan;
Los mejores luchadores no hacen despliegues
de ira.
El mayor conquistador obtiene la victoria sin
batallar;
El mejor gobernante de los hombres actúa
como si fuera su inferior.
A esto se le llama el poder que viene de no
competir,
Se llama la capacidad de guiar a los hombres,
El secreto de estar en armonía con el cielo, a
lo que fue de antiguo.

69

Los estrategas tienen sus proverbios:
"Cuando dudas de tu capacidad para enfrentar el ataque del enemigo,
Toma la ofensiva tú mismo"
Y "Si dudas de tu habilidad para avanzar una pulgada, entonces retrocede un pie".
Esto último es lo que llamamos marchar sin moverse,
Arremangarse la vestimenta sin desnudar los brazos,
Derrotar al enemigo sin enfrentarse a él,
Empuñar las armas como si no estuvieran.
Ahora la mayor de todas las calamidades es atacar al enemigo indefenso.
Ya que el que lo hace puede pagar el precio de perder su tesoro.
Por lo tanto, cuando los ejércitos se levantan
Y los asuntos se complican, el que gana es el que no se deleita en la guerra.

70

Mis palabras son muy fáciles de entender
Y muy fácil de poner en práctica.
Sin embargo, nadie bajo el cielo las entiende;
Nadie las pone en práctica.
Pero mis palabras tienen un antepasado, mis
acciones tienen un señor;
Y es precisamente porque los hombres no
entienden esto
Que son incapaces de entenderme.
Pocos me entienden, pero es de este hecho
que mi valor depende.
De hecho, es en este sentido que "el Sabio usa
tela para el cabello en la parte superior,
Pero lleva jade debajo del vestido".

71

"Saber cuando uno no sabe es lo mejor.
Pensar que uno sabe cuando no sabe es un grave mal.
Solo quien reconoce la gravedad de este mal
Puede curarse a sí mismo del mal.
La forma en que el sabio cura el mal.
Consiste también en hacer que la gente reconozca sus males como defectos.
Y así al conocerlos, no los padece.

72

No importa si la gente no se siente intimidada por su autoridad.

Una autoridad más poderosa se ocupará de ellos al final.

No reduzcas su morada o acoses sus vidas;
Y por la misma razón que no los acoséis,
Dejarán de alejarse de ti.

Por lo tanto, el sabio se conoce a sí mismo pero no se muestra.

Conoce su propio valor, pero no se pone a sí mismo en lo alto.

Verdaderamente, él rechaza, esto pero toma aquello".

73

Aquel cuya valentía radica en la audacia, mata.
Aquel cuya valentía radica en no atreverse, da la vida.
De estos dos, cualquiera puede ser rentable o no rentable.
Pero "El cielo odia lo que odia;
Nadie puede saber la razón del porqué".
Por lo que el sabio también lo rechaza.
Porque el camino del cielo no es el de la lucha, sino el de la conquista,
No para hablar, pero sí para obtener una respuesta,
No es para llamar la atención, pero las cosas vienen por sí solas.
El cielo es como uno que dice poco, pero que, sin embargo,
Ha trazado sus planes de antemano.
La red del cielo es amplia;
Las mallas son gruesas, pero nada se desliza a través de ellas.

74

La gente no le teme a la muerte.
¿De qué sirve entonces tratar de intimidarlos
con la pena de muerte?
E incluso suponiendo que la gente
generalmente le tema a la muerte...
Y no lo considerara como algo cotidiano,
¿Quién de nosotros se atrevería a apoderarse
de ellos y matarlos?
El Señor de la Matanza siempre está listo
para esta tarea,
Y hacerlo en su lugar es como meterse en el
lugar del maestro-carpintero
Y haciendo por él su trabajo.
Será afortunado si no se corta su propia
mano.

75

La gente se muere de hambre porque los que están por encima de ellos comen demasiados granos de impuestos.
Esa es la única razón por la que mueren de hambre.
La gente es difícil de mantener en orden porque los de arriba interfieren.
Esa es la única razón por la que son tan difíciles de mantener en orden.
La gente no le da importancia a la muerte,
Porque los que están por encima de ellos están demasiado absortos en la búsqueda de la vida.
Por eso no le dan importancia a la muerte.
Y, de hecho, en que sus corazones están tan poco puestos en la vida
Son superiores a los que le dan importancia a la vida.

76

Cuando nace, el hombre es suave y débil;
En la muerte se vuelve rígido y duro.
Las diez mil criaturas y todas las plantas
Y los árboles mientras están vivos son flexibles y suaves,
Pero cuando están muertos se vuelven quebradizos y secos.
En verdad, lo que es rígido y duro es un "compañero de la muerte";
Lo que es blando y débil es un "compañero de la vida".
Por lo tanto, "el arma que es demasiado dura se romperá",
El árbol que tenga la madera más dura será cortado".
Verdaderamente, los duros y poderosos son derribados;
Los suaves y débiles se ponen en lo alto.

77

El camino del cielo es como la flexión de un arco.

Cuando un arco se dobla, la parte superior baja y la inferior sube.

Así también el Cielo quita a los que tienen demasiado,

Y da a los que no tienen suficiente.

Pero si es la forma en que el Cielo quita a los que tienen demasiado

Y da a los que no tienen suficiente, esto está lejos de ser la forma del hombre.

Que quita a los que no tienen suficiente

Para hacer ofrendas a los que ya tienen demasiado.

Hay uno y solo uno, tan rico, que es el poseedor del Tao.

(Si, entonces, el Sabio "aunque controla no se inclina,

Y cuando ha logrado su objetivo no se queda atrás",

Es porque no desea revelarse como mejor que los demás).

78

Nada bajo el cielo es más suave o más fluido que el agua;
Pero cuando ataca las cosas duras y resistentes no hay ninguna que pueda dejar de ser erosionada.
Porque no pueden encontrar la manera de alterarla.
Que el que cede conquista al que resiste
Y lo suave conquista lo duro es un hecho conocido por todos los hombres,
Pero no es aplicado por nadie.
Sin embargo, es en referencia a esto que el sabio dijo:
"Solo quien ha aceptado la responsabilidad por toda la corrupción de un reino, puede ser señor de sus santuarios de tierra;
Solo aquel que toma sobre sí mismo los males del país puede convertirse en un rey entre los que habitan bajo el cielo".
Las palabras verdaderas parecen paradójicas.

79

Aunque la paz se haga entre grandes enemigos,
Persiste entre ambos algo de rencor.
Y se producirán descontentos.
¿Cómo es posible que esto sea bueno?
  Por lo tanto, el sabio se queda como el poseedor de la mitad izquierda del contrato, pero no va por ahí reclamando la otra mitad a la gente.
Porque quien posee la "virtud" del Tao
Solo exige a la gente el cumplimiento de sus obligaciones
  El que no posee la "virtud" es quien exige impuestos a los necesitados.
"El camino del Cielo, actúa sin distinción de personas,
Para mantener el bien perpetuamente establecido".

80

Un país pequeño con pocos habitantes,
No emplea ni despilfarra sus pocos recursos.
No se aventura en grandes expediciones
Con una mano de obra cien veces menor, no
los usarían como soldados.
Podría lograr que la gente estuviera
preparada
Dar sus vidas y volver a darlas en defensa de
sus hogares,
Para evitar emigrar.
Puede que aún haya barcos y carruajes,
Pero nadie los necesitaría;
Todavía podría haber armas de guerra,
Pero nadie las necesitaría.
Él podría lograr eso.
El pueblo no debe hacer ningún uso de la
escritura salvo de las cuerdas anudadas,
Las gentes deberían estar contentas con su
comida, satisfechas con su ropa,
Satisfechas con sus hogares,
Deberían disfrutar de sus rústicas tareas.
El próximo lugar podría estar tan cerca,
Que se podría oír el canto de los gallos y los
ladridos de los perros;
Pero la gente envejecería y moriría, sin
haber estado nunca allí".

81

Las verdaderas palabras no suenan bien;
Las palabras que suenan bien no son
verdaderas.
El buen hombre no prueba con argumentos;
El que prueba con argumentos no es bueno.
La verdadera sabiduría es diferente del
mucho aprendizaje;
Mucho aprendizaje significa poca sabiduría.
El sabio no tiene necesidad de acumular
conocimientos;
Cuando sus últimas cosas se han usado en
nombre de otros,
¡Tiene más que antes!
Cuando sus últimas cosas se han usado para
dar a otros,
¡Su cantidad es mayor que antes!
Porque el Tao beneficia y no perjudica,
Y el Tao del Sabio es actuar sin esforzarse.

TAO TE CHING

"El libro del camino y de la virtud"

Imágenes Clásicas

太一生水、水反輔太一，是以成天。天反輔太一，是以成地。天地復相輔

也，是以成神明。神明復相輔也，是以成陰陽。陰陽復相輔也，是以成四時

復輔也，是以成滄熱。滄熱復相輔也，是以成溼燥。溼燥復相輔也，成歲

而止。故歲者，溼燥之所生也。溼燥者，滄熱之所生也。滄熱者四時

者，陰陽之所生。陰陽者，神明之所生也。神明者，天地之所生也。天地

膿聚穢藏貨不救親踈怨家求破窮困病姑

聾盲老朊枯魄去身之死入此獄火鬼來加杖

燒剖炙吞火唳炭輕重劫年

第四北岳恒山名滇澪之獄黑帝主之生世

不知好行耶見信用魔言誓毀正法愚癡難

訓嗜酒酤迷嫉妬脈巳柳絕賢明欺囚幽顯

自任從橫洼決无巳忿恚賢瞶精竭身云

入此獄击鬼來加摣沙負石捷汲滇波鐵杖

剮考輕重劫年

第五中岳嵩髙山名普樄之獄黃帝主之生

Made in United States
Orlando, FL
03 October 2024

52321123R00074